Impressum
Verlag: BABADADA GmbH, Nedderfeld 112 , 22529 Hamburg
Geschäftsführer / Verlagsleitung: Harald Hof
Druck: Books on Demand GmbH, In de Tarpen 42, 22848 Norderstedt

Imprint
Publisher: BABADADA GmbH, Nedderfeld 112 , 22529 Hamburg, Germany
Managing Director / Publishing direction: Harald Hof
Print: Books on Demand GmbH, In de Tarpen 42, 22848 Norderstedt, Germany

学校

مدرسه

教室
کلاس درس
除
تقسیم کردن
186/2
黑板
تخته
老师
معلم
纸
کاغذ
书写
نوشتن
钢笔
خودکار
办公桌
میز تحریر
直尺
خط کش
书
کتاب
学生
دانش آموز

书包

کیف مدرسه

铅笔盒

جامدادی

铅笔

مداد

卷笔刀

تراش

橡皮擦

پاک کن

画板

دفتر رسم

图画

طراحی

画笔

قلم مو

颜料盒

جعبه ی آبرنگ

剪刀

قیچی

胶水

چسب

练习册

کتاب تمرین

家庭作业

تکلیف خانه

12

数字

رقم

2+2

加

جمع کردن

5-2

减

تفریق کردن

2×2

乘

ضرب کردن

计算

محاسبه کردن

A

字母

حرف الفبا

ABCDEFG
HIJKLMN
OPQRSTU
VWXYZ

字母表

الفبا

hello

字

کلمه

课文

متن

读

خواندن

粉笔

گچ

上课

درس

登记

ثبت نام

考试

امتحان

证书

مدرک رسمی

校服

لباس مدرسه

教育

تحصیلات

百科全书

دانشنامه

大学

دانشگاه

显微镜

میکروسکوپ

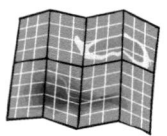

地图

نقشه

废纸篓

سبد کاغذ باطله

学校 - مدرسه

酒店
هتل

Grand

青年旅社
مسافرخانه

ROOMS

外币兑换处
صرافی

EXCHANGE

手提箱
چمدان

汽车
اتومبیل

语言
زبان

是/否
بله / خیر

好的
اکی

您好
سلام

翻译员
مترجم

谢谢
ممنون

……多少钱？

قیمت ... چه قدر است؟

我不明白

من متوجه نمی شوم

问题

مشکل

晚上好！

عصر بخیر! / شب بخیر!

早上好！

صبح بخیر!

晚安！

شب بخیر!

再见

خدانگهدار

方向

جهت

行李

بار سفر

包

کیف

双肩包

کوله پشتی

客人

مهمان

房间

اتاق

睡袋

کیسه خواب

帐篷

خیمه

旅游信息

مرکز راهنمای گردشگران

海滩

ساحل

信用卡

کارت اعتباری

早餐

صبحانه

午餐

نهار

晚餐

شام

票

بلیط

电梯

آسانسور

邮票

مهر

边界

مرز

海关

گمرک

大使馆

سفارتخانه

签证

ویزا

护照

گذرنامه

旅行 - سفر 7

交通运输

حمل و نقل

飞机
هواپیما
船
کشتی
消防车
ماشین آتش نشانی
اتوبوس
卡车
کامیون
汽艇
قایق موتوری
自行车
دوچرخه
汽车
اتومبیل

摆渡船

کشتی مسافربری

小船

قایق

摩托车

موتورسیکلت

警车

ماشین پلیس

赛车

ماشین مسابقه

租车

ماشین کرایه ای

拼车

به اشتراک گذاری اتوموبیل

拖车

جرثقیل

垃圾车

ماشین حمل زباله

发动机

موتور

汽油

بنزین

加油站

پمپ بنزین

交通标志

تابلو راهنمایی و رانندگی

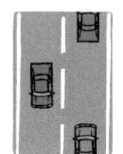

交通

عبور و مرور

交通堵塞

ترافیک

停车场

پارکینگ

火车站

ایستگاه قطار

轨道

ریل راه آهن

火车

قطار

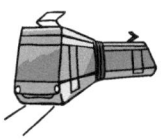

电车

قطار برقی

货车

واگن

直升机

هليكوپتر

机场

فرودگاه

塔

برج

乘客

مسافر

集装箱

كانتينر

纸板箱

كارتن

手推车

گاری

篮子

سبد

起飞/降落

به پرواز درآمدن / فرود آمدن

城市

شهر

村庄

دهکده

市中心

مرکز شهر

房子

خانه

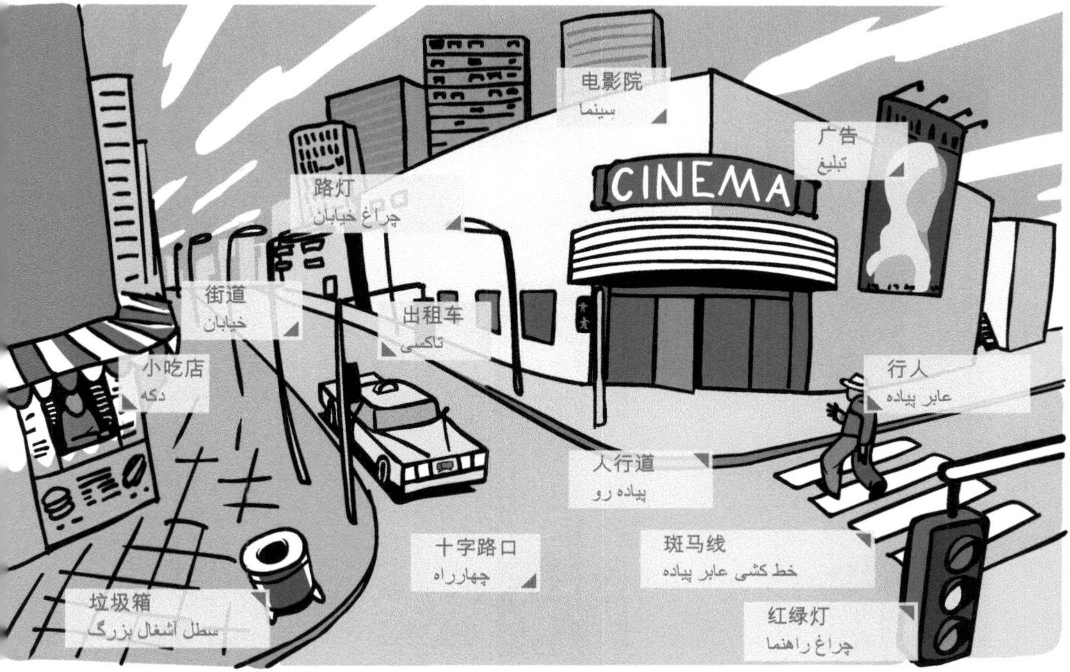
电影院
سینما
广告
تبلیغ
CINEMA
路灯
چراغ خیابان
街道
خیابان
出租车
تاکسی
小吃店
دکه
行人
عابر پیاده
人行道
پیاده رو
十字路口
چهارراه
斑马线
خط کشی عابر پیاده
垃圾箱
سطل آشغال بزرگ
红绿灯
چراغ راهنما

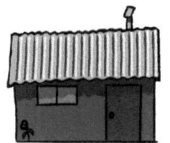

小屋

کلبه

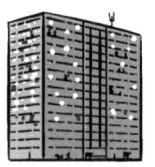

公寓

آپارتمان

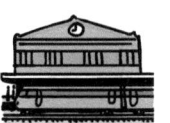

火车站

ایستگاه قطار

市政厅

ساختمان شهرداری

MUSEUM

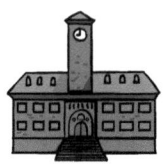

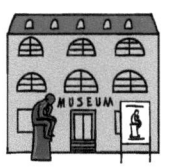

博物馆

موزه

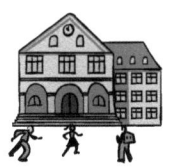

学校

مدرسه

大学

دانشگاه

银行

بانک

医院

بیمارستان

酒店

هتل

药房

داروخانه

办公室

اداره

书店

کتابفروشی

商店

مغازه

花店

گل فروشی

超市

سوپرمارکت

市场

بازار

百货商店

فروشگاه بزرگ

鱼店

ماهی فروش

购物中心

مرکز خرید

海港

بندر

公园

پارک

长凳

نیمکت

桥

پل

楼梯

پله

地铁

مترو

隧道

تونل

公交车站

ایستگاه اتوبوس

酒吧

میخانه

餐馆

رستوران

邮筒

صندوق پست

路标

تابلوی خیابان

停车计时器

دستگاه پارکومتر

动物园

باغ وحش

游泳馆

استخر شنای عمومی

清真寺

مسجد

农场

مزرعه

污染

آلودگی محیط زیست

墓地

قبرستان

教堂

کلیسا

操场

زمین بازی

寺庙

معبد

地形

چشم انداز

树叶
برگ

指示牌
تابلوی راهنمای مسیر

路
راه

草地
چمنزار

石头
سنگ

树
درخت

徒步旅行者
راه نورد

河
رودخانه

草
چمن

花
گل

峡谷

دره

山

تپه

湖

دریاچه

森林

جنگل

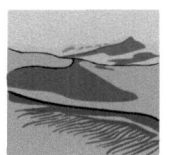

沙漠

بیابان

火山

کوه آتشفشان

城堡

قلعه

彩虹

رنگین کمان

蘑菇

قارچ

棕榈树

درخت نخل

蚊子

پشه

苍蝇

مگس

蚂蚁

مورچه

蜜蜂

زنبور

蜘蛛

عنکبوت

甲虫

سوسک

青蛙

قورباغه

松鼠

سنجاب

刺猬

جوجه تیغی

野兔

خرگوش صحرایی

猫头鹰

جغد

鸟

پرنده

天鹅

قو

野猪

گراز

鹿

گوزن نر

麋鹿

گوزن شمالی

水坝

سد آب

风力发电机

توربین بادی

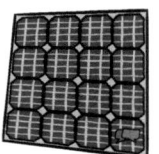

太阳能电池板

صفحه ی خورشیدی

气候

آب و هوا

餐馆

رستوران

服务员
菜单
منوی غذا
椅子
صندلی
汤
سوپ
披萨饼
پیتزا
餐具
سرویس کارد و قاشق و چنگال
桌布
رومیزی

前菜

پیش‌غذا

主菜

غذای اصلی

甜点

دسر

饮料

نوشیدنی ها

食物

غذا

瓶子

بطری

快餐

فست فود

街边小吃

اغذیه خیابانی

茶壶

قوری

糖盒

قندان

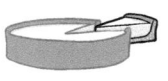

一份饭菜

پُرس غذا

意式咖啡机

دستگاه اسپرسو

高脚椅

صندلی پایه بلند غذاخوری بچه

账单

صورتحساب

托盘

سینی

刀

چاقو

餐叉

چنگال

勺子

قاشق

茶匙

قاشق چایخوری

餐巾

دستمال سفره

玻璃杯

لیوان

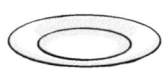

碟子

بشقاب

汤盘

بشقاب سوپخوری

碟子

نعلبکی

酱

سس

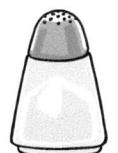

盐瓶

نمکدان

胡椒磨

فلفل ساب

醋

سرکه

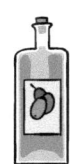

食用油

روغن خوراکی

调味料

ادویه جات

番茄酱

سس کچاپ

芥末

سس خردل

蛋黄酱

سس مایونز

超市
سوپرمارکت

特价
پیشنهاد ویژه
顾客
مشتری
乳制品
لبنیات
水果
میوه جات
购物车
چرخ دستی خرید

肉铺

قصابی

面包房

نانوایی

称重

وزن کردن

蔬菜

سبزیجات

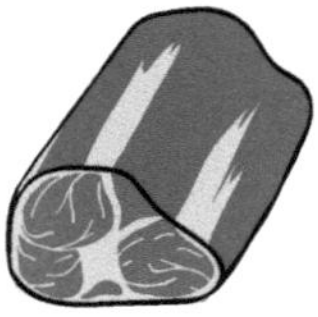

肉

گوشت

冷冻食品

غذای منجمد

冷盘

مخلوطی از انواع کالباس یا پنیر که ورقه ای بریده شده باشند

罐头食品

غذای کنسروی

洗衣粉

پودر لباسشویی

甜食

شیرینی جات

日用品

لوازم خانگی

清洁用品

ماده شوینده و پاک کننده

销售員

فروشنده

收银机

صندوق پرداخت

收银员

صندوقدار

购物清单

لیست خرید

开放时间

ساعات کار

钱包

کیف پول

信用卡

کارت اعتباری

袋子

کیف

塑料袋

کیسه ی پلاستیکی

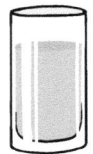

饮料
نوشیدنی ها

水

آب

果汁

آبمیوه

牛奶

شیر

可乐

نوشابه کوکاکولا

红酒

شراب

啤酒

آبجو

酒

الکل

可可

کاکائو

茶

چای

咖啡

قهوه

意式浓缩咖啡

قهوه اسپرسو

卡布奇诺

کاپوچینو

食物
غذا

香蕉

موز

苹果

سیب

橙子

پرتقال

西瓜

انواع هندوانه و خربزه

柠檬

لیمو

胡萝卜

هویج

大蒜

سیر

竹子

نی بامبو

洋葱

پیاز

蘑菇

قارچ

坚果

آجیل

面条

ماکارونی

意大利面条

اسپاگتی

米饭

برنج

沙拉

سالاد

薯条

سیب زمینی سرخ کرده

炸土豆

سیب زمینی سرخ شده

披萨饼

پیتزا

汉堡包

همبرگر

三明治

ساندویچ

炸猪排

شنیتسل

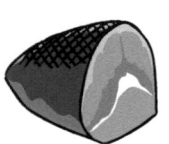

火腿

ژامبون خوک

萨拉米

سالامی

香肠

سوسیس

鸡肉

مرغ

烤肉

نوعی گوشت سرخ شده

鱼

ماهی

燕麦片

جوی پرک شده

穆兹利

نوعی صبحانه مخلوطی از برگه ذرت و
میوه های خشک شده و خشکبار که
معمولا با شیر خورده می شود

玉米片

کورن‌فلکس

面粉

آرد

羊角面包

کرواسان

面包卷

نان بروتشن

面包

نان

烤面包

نان تست

饼干

بیسکویت

黄油

کره

凝乳

کشک

蛋糕

کیک

蛋

تخم مرغ

煎蛋

تخم مرغ نیمرو

奶酪

پنیر

冰激凌

بستنی

糖

شکر

蜂蜜

عسل

果酱

مربا

巧克力酱

کرم شکلاتی بادامی

咖喱饭

ادویه کاری

农场
مزرعه

خانه ی مزرعه داران
稻草捆
خرمن کاه
粮仓
انبار غله
田野
مزرعه
马
اسب
拖车
ماشین یدک کش
拖拉机
تراکتور
马驹
کره اسب
驴
خر
羊
گوسفند
羔羊
بره

山羊
بز

奶牛
گاو ماده

牛犊
گوساله

猪
خوک

小猪
بچه خوک

公牛
گاو نر

农场 - مزرعه

鹅

غاز

鸭

اردک

小鸡

جوجه

母鸡

مرغ

公鸡

خروس

鼠

موش صحرایی

猫

گربه

老鼠

موش

牛

گاو نر اخته

狗

سگ

狗屋

لانه ی سگ

花园浇水软管

شلنگ باغبانی

洒水壶

آبپاش

长柄大镰刀

داس دسته بلند

犁

گاوآهن

镰刀

داس

锄头

کج بیل

长柄草耙

چنگک باغبانی

斧头

تبر

独轮手推车

فرقون

饲料槽

آبشخور

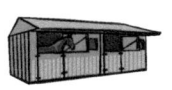

牛奶罐

بطری نگهداری شیر

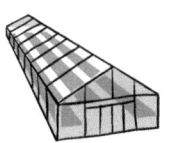

麻布袋

کیسه

栅栏

حصار

马厩

اصطبل

温室

گلخانه

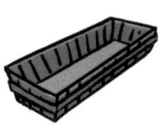

土壤

خاک

种子

بذر

肥料

کود

联合收割机

ماشین کمباین

收割

برداشت کردن محصول

收割

محصول

山药

تميس

小麦

گندم

大豆

سويا

土豆

سیب زمینی

玉米

ذرت

油菜籽

کلزا

果树

درخت میوه

树薯

گیاه مانیوک

谷物

غلات

房子
خانه

烟囱
دودکش
屋顶
پشت بام
落水管
ناودان
窗户
پنجره
车库
گاراژ
门铃
زنگ در
门
در
垃圾桶
سطل آشغال
信箱
صندوق مراسلات
花园
باغ

客厅

اتاق نشیمن

浴室

حمام

厨房

آشپزخانه

卧室

اتاق خواب

儿童房

اتاق بچه

餐厅

ناهارخوری

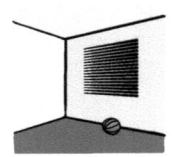

地板

کف زمین

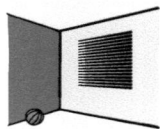

墙壁

دیوار

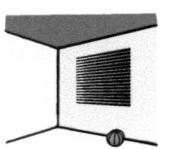

吊顶

سقف

地窖

زیرزمین

桑拿

سونا

阳台

بالکن

露台

تراس

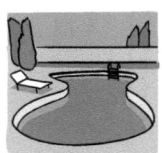

游泳池

استخر

割草机

ماشین چمنزنی

被单

ملافه

床罩

روتختی

床

تخت خواب

扫帚

جارو

水桶

سطل

开关

سویچ یا کلید

客厅
اتاق نشیمن

壁纸
کاغذ دیواری
照片
عکس
台灯
لامپ
搁架
قفسه
橱柜
کابینت
电视机
تلویزیون
壁炉
شومینه
花
گل
垫子
کوسن
沙发
کاناپه
花瓶
گلدان
遥控器
کنترل تلویزیون و ویدئو و غیره

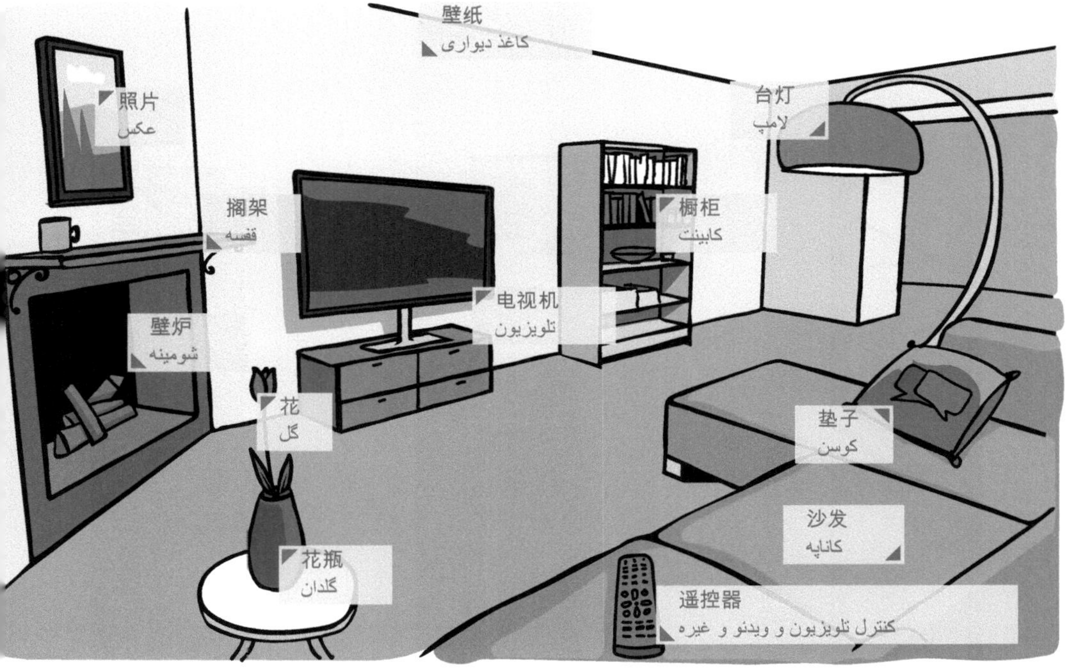

地毯

فرش

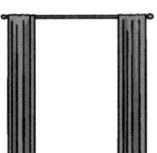

窗帘

پرده

餐桌

میز

椅子

صندلی

摇椅

صندلی گهواره ایی

扶手椅

صندلی راحتی

书
كتاب

毯子
لحاف

装饰品
دكوراسيون

木柴
هيزم

电影
فيلم

高保真音响
دستگاه ضبط صوت

钥匙
كليد

报纸
روزنامه

油画
تابلو نقاشی

海报
پوستر

收音机
رادیو

笔记本
دفترچه یادداشت

吸尘器
جاروبرقی

仙人掌
كاكتوس

蜡烛
شمع

厨房
آشپزخانه

冰箱
یخچال
微波炉
ماکروویو
烤面包机
تُستر
洗洁精
ماده شوینده و پاک کننده
烤箱
فر خوراک پزی
冰柜
جایخی
垃圾桶
سطل آشغال
洗碗机
ماشین ظرفشویی

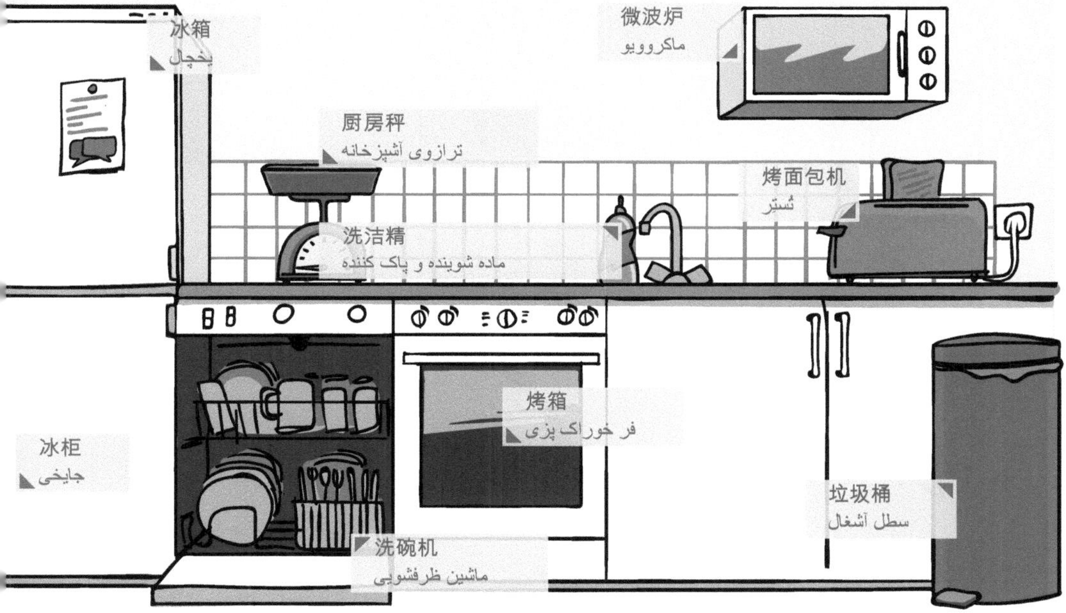

炊具
اجاق گاز

锅
قابلمه

铸铁锅
قابلمه چدنی

炒锅
ماهی تابه گود

平底锅
ماهی تابه

水壶
کتری

蒸锅

بخارپز

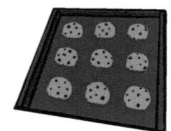

烤盘

سینی فر

陶瓷锅

ظرف چینی آشپزخانه

马克杯

لیوان

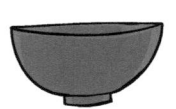

碗

کاسه

筷子

چاپستیک

长柄勺

ملاقه

铲子

کفگیر

搅拌器

همزن

滤网

آبکش

筛子

آبکش

磨碎机

رنده

研钵

هاون

烧烤

باربیکیو

明火

محل مخصوص افروختن آتش

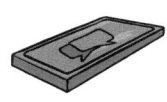

菜板

تخته گوشت و سبزی

擀面杖

وردنه

开瓶器

در بطری بازکن

罐子

قوطی

开罐器

در قوطی بازکن

隔热手套

دستگیره پارچه ای

水槽

سینک ظرفشویی

刷子

برس گردگیری

海绵

اسفنج

搅拌机

مخلوط کن

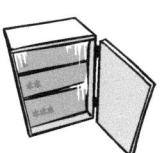

冷藏箱

فریزر

奶瓶

شیشه شیر بچه

水龙头

شیر آب

浴室

حمام

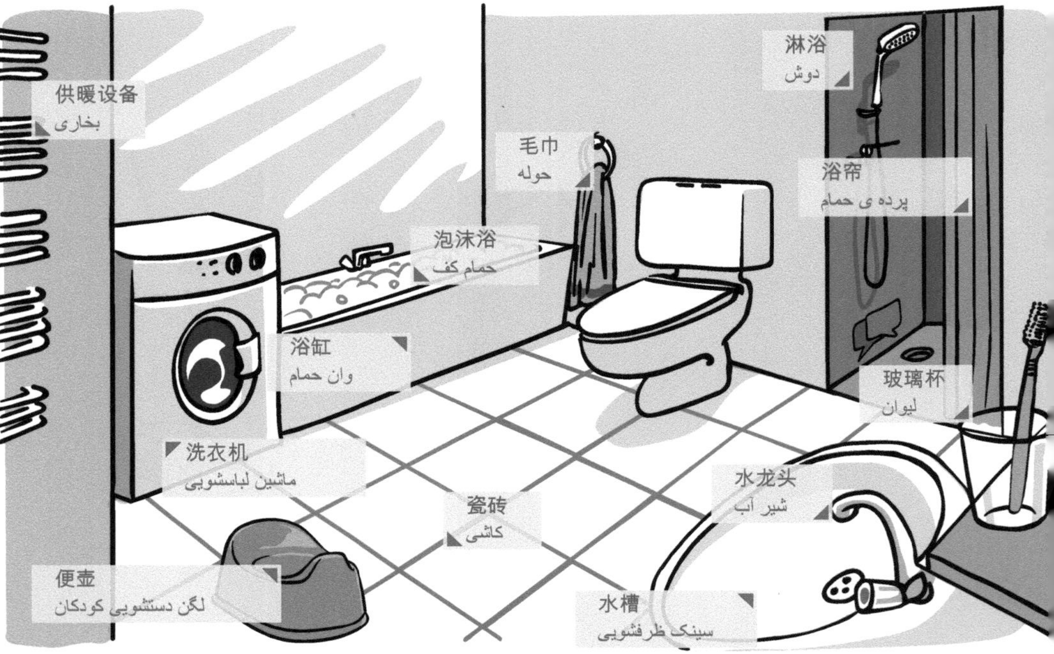

供暖设备
بخاری
淋浴
دوش
毛巾
حوله
浴帘
پرده ی حمام
泡沫浴
حمام کف
浴缸
وان حمام
玻璃杯
لیوان
洗衣机
ماشین لباسشویی
水龙头
شیر آب
瓷砖
کاشی
便壶
لگن دستشویی کودکان
水槽
سینک ظرفشویی

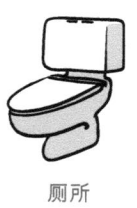

厕所

توالت

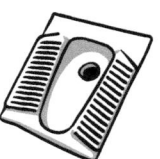

蹲便器

توالت ایرانی

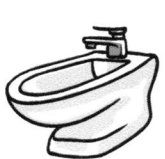

坐浴器

کاسه توالت

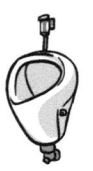

小便池

توالت مخصوص آقایان

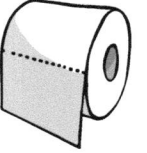

厕纸

دستمال توالت

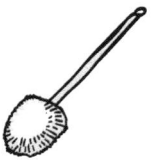

马桶刷

فرچه توالت

牙刷

مسواک

牙膏

خمیردندان

牙线

نخ دندان

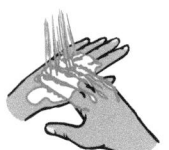

洗

شستن

手持式喷淋头

دوش آب تلفنی

冲洗器

شلنگ توالت

洗脸盆

لگن روشویی

擦背刷

برس شست و شوی پشت

肥皂

صابون

沐浴露

شامپو بدن

洗发水

شامپو

法兰绒

لیف حمام

排水

راه آب

乳霜

کرم

除臭剂

اسپری دئودورانت

镜子

آیینه

手镜

آیینه ی کوچک دستی

剃须刀

تیغ ریش تراشی

剃须泡沫

کف ریش تراشی

须后水

آفترشیو

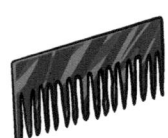

梳子

شانه ی سر

刷子

برس

吹风机

سشوار

喷发定型剂

اسپری مو

化妆品

آرایش

唇膏

رژلب

指甲油

لاک ناخن

化妆棉

پنبه

指甲剪

قیچی ناخن

香水

عطر

洗漱包

کیف لوازم آرایشی و بهداشتی

凳子

چهارپایه

计重秤

ترازو

浴袍

حوله ی پالتویی

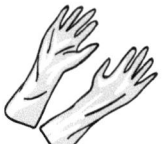

橡胶手套

دستکش ظرفشویی

卫生棉条

تامپون

卫生巾

نوار بهداشتی

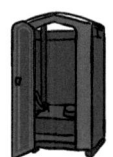

化学厕所

توالت سیار

儿童房
اتاق بچه

闹钟
ساعت زنگدار .
毛绒玩具
نوعی عروسک نرم به شکل حیوانات
玩具车
ماشین اسباب بازی
拨浪鼓
جغجغه
玩具屋
خانه ی عروسکی
礼物
کادو

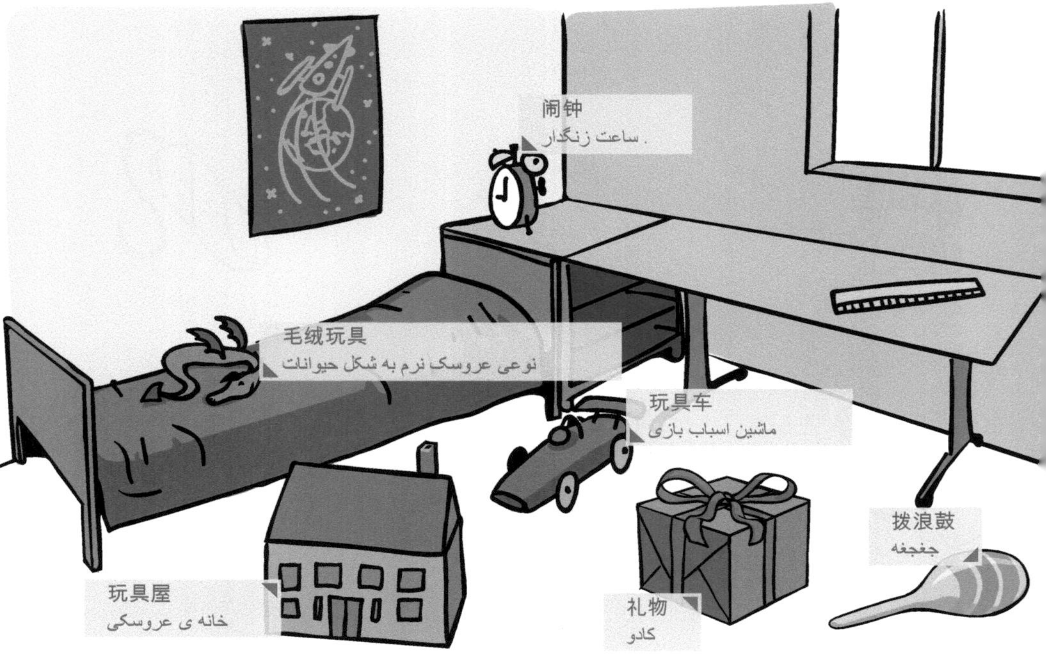

气球

بادکنک

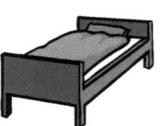

床

تخت خواب

（洋娃娃用）婴儿车

کالسکه بچه

扑克牌

بازی ورق

拼图

پازل

漫画

داستان مصور

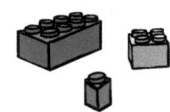

乐高积木

اسباب بازی لگو

积木玩具

خانه سازی

玩具人

عروسک شخصیت های فیلم و کارتون

婴儿服

لباس نوزاد

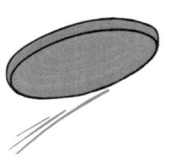

飞盘

فریزبی

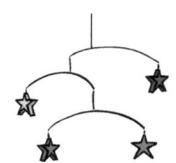

床铃玩具

نوعی اسباب بازی که روی تخت نوزاد
یا کودک نصب می شود

棋盘游戏

بازی روی صفحه

骰子

تاس

火车模型

قطار اسباب بازی

安抚奶嘴

پستانک

聚会

مهمانی

绘本

کتاب مصور

球

توپ

洋娃娃

عروسک

玩

بازی کردن

沙坑

جعبه شنی مخصوص بازی کودکان

秋千

تاب

玩具

اسباب بازی

游戏机

کنسول بازی های کامپیوتری

三轮车

سه چرخه

泰迪熊

خرس عروسکی

衣柜

کمد لباس

衣服

لباس

袜子

جوراب

长袜

جوراب زنانه ساق بلند

紧身裤

جوراب شلواری

围巾
شال

皮带
کمربند

雨伞
چتر

T恤
تی شرت

靴子
پوتین

拖鞋
دمپایی

运动鞋
کفش ورزشی کتانی

凉鞋
صندل

鞋
کفش

雨靴
چکمه پلاستیکی

内裤
شرت

胸罩
سوتین

背心
جلیقه

身体

بادی

裤子

شلوار

牛仔裤

جین

短裙

دامن

女式衬衫

بلوز

衬衫

پیراهن

套头衫

پولیور

卫衣

سویی شرت

西装夹克

نوعی کت

夹克

ژاکت

外套

کت بلند

雨衣

بارانی

套装

لباس نمایش

连衣裙

لباس

婚纱

لباس عروس

西装

کت و شلوار

睡袍

لباس خواب زنانه

睡衣

پیژامه

莎丽

ساری

头巾

روسری

包头巾

عمامه

波卡

برقع

卡夫坦

قبا

(阿拉伯式)长袍

عبا

泳衣

لباس شنا

男式泳裤

شرت شنا

短裤

شلوارک

运动服

لباس ورزشی

围裙

پیشبند

手套

دستکش

衣服 - لباس

47

纽扣

دکمه

眼镜

عینک

手链

دستبند

项链

گردنبند

戒指

انگشتر

耳环

گوشواره

便帽

کلاه لبه دار

衣架

چوب لباسی

帽子

کلاه

领带

کراوات

拉链

زیپ

头盔

کلاه ایمنی

背带

بند شلوار

校服

لباس مدرسه

制服

لباس فرم

围兜

پیش بند بچه

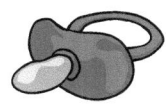

安抚奶嘴

پستانک

尿不湿

پوشک بچه

办公室

اداره

服务器
سرور
文件柜
کمد نگهداری پرونده
打印机
چاپگر
纸
کاغذ
显示屏
مانیتور
鼠标
ماوس
میز تحریر
文件夹
زونکن
键盘
صفحه کلید
椅子
صندلی
سبد کاغذ باطله
电脑
کامپیوتر

咖啡杯

لیوان قهوه

计算器

ماشین حساب

因特网

اینترنت

笔记本电脑

لپ تاپ

信件

نامه

消息

پیغام

手机

تلفن همراه

网络

شبکه ی ارتباطی

复印机

دستگاه فتوکپی

软件

نرم افزار

电话

تلفن

插座

پریز

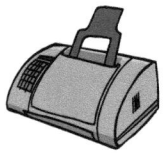

传真机

دستگاه فاکس

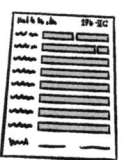

表格

فرم

文件

مدرک

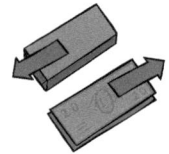

经济

اقتصاد

买

خریدن

付钱

پرداخت کردن

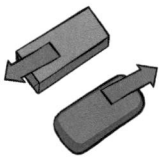

交易

تجارت کردن

现金

پول

美元

دلار

欧元

یورو

日元

ین

卢布

روبل

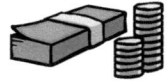

瑞士法郎

فرانک سوئیس

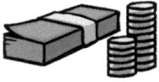

人民币

یوان رنمینبی

卢比

روپیه

提款处

دستگاه خودپرداز

外币兑换处

صرافی

金

طلا

银

نقره

石油

نفت

能源

انرژی

价格

قیمت

合同

قرارداد

税金

مالیات

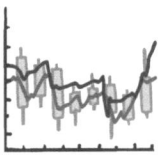

股票

سهام سرمایه

工作

کار کردن

职员

کارمند

老板

کارفرما

工厂

کارخانه

商店

مغازه

警官
مامور پلیس

消防员
آتش نشان

厨师
آشپز

医生
دکتر

飞行员
خلبان

园丁
باغبان

木匠
نجار

裁缝
خیاط زنانه

法官
قاضی

化学家
شیمیدان

演员
بازیگر

公交车司机

راننده اتوبوس

出租车司机

راننده تاکسی

渔夫

ماهیگیر

清洁女工

نظافتچی زن

屋顶工

سقف ساز

服务员

پیشخدمت رستوران

猎人

شکارچی

画家

نقاش

面包师

نانوا

电工

برقکار

建筑工人

کارگر ساختمانی

工程师

مهندس

屠夫

قصاب

水管工

لوله کش

邮递员

پستچی

士兵

سرباز

建筑师

معمار

收银员

صندوقدار

花农

گل فروش

理发师

آرایشگر

售票员

مامور کنترل بلیط در قطار

机械师

مکانیک

船长

ناخدا

牙医

دندانپزشک

科学家

دانشمند

拉比

عالم یهودی

伊玛目

امام

和尚

راهب

牧师

کشیش

工具
ابزارآلات

钳子
انبردست
铁锤
چکش
螺丝刀
پیچ گوشتی
手电筒
چراغ قوه
扳手
آچار

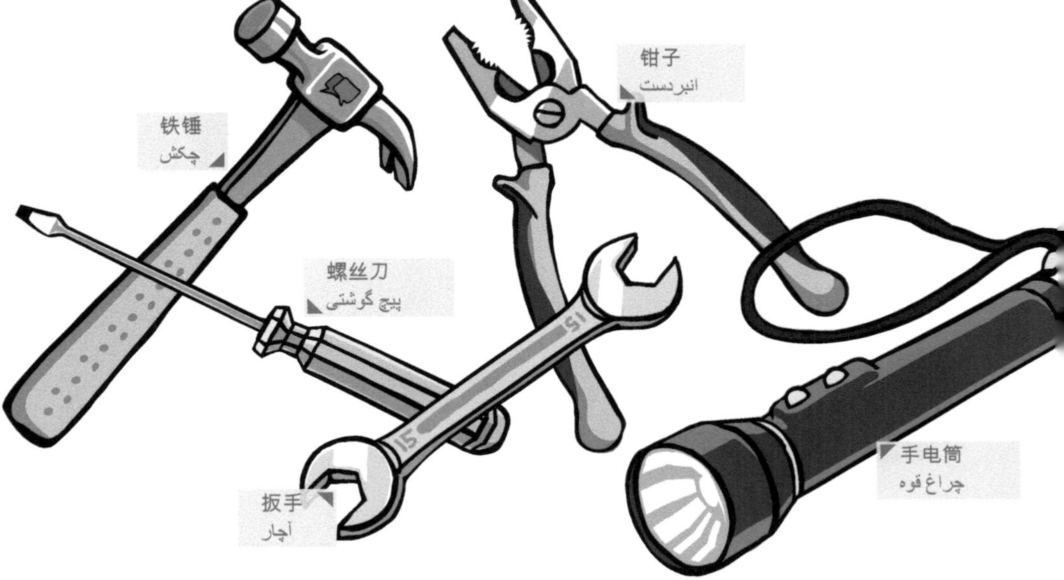

挖掘机

بیل مکانیکی

工具箱

جعبه ابزار

梯子

نردبان

锯子

ارّه

钉子

میخ

钻机

مته

修

تعمیر کردن

铲子

بیل

靠！

لعنتی!

簸箕

خاک انداز

油漆桶

سطل رنگرزی

螺丝

پیچ

乐器

آلات موسیقی

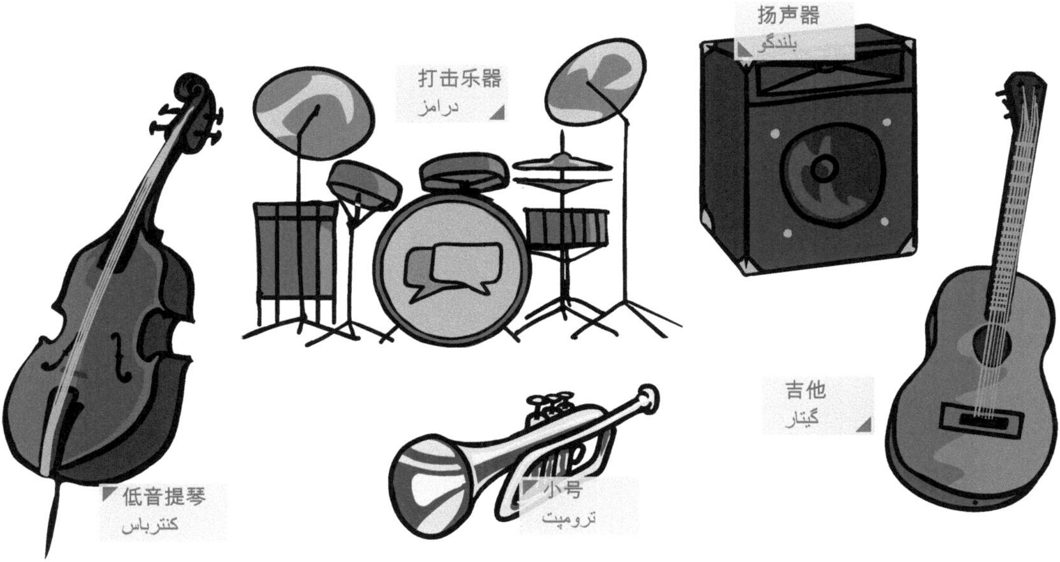

扬声器
بلندگو
打击乐器
درامز
吉他
گیتار
低音提琴
کنترباس
小号
ترومپت

钢琴

پیانو

小提琴

ویولن

贝斯

گیتار بیس

定音鼓

تیمپانی

鼓

طبل

电子琴

کیبورد الکتریک

萨克斯管

ساکسیفون

长笛

فلوت

麦克风

میکروفون

动物园

باغ وحش

老虎
ببر
入口
ورودی
笼子
قفس
斑马
گورخر
خوراک حیوانات
熊猫
خرس پاندا

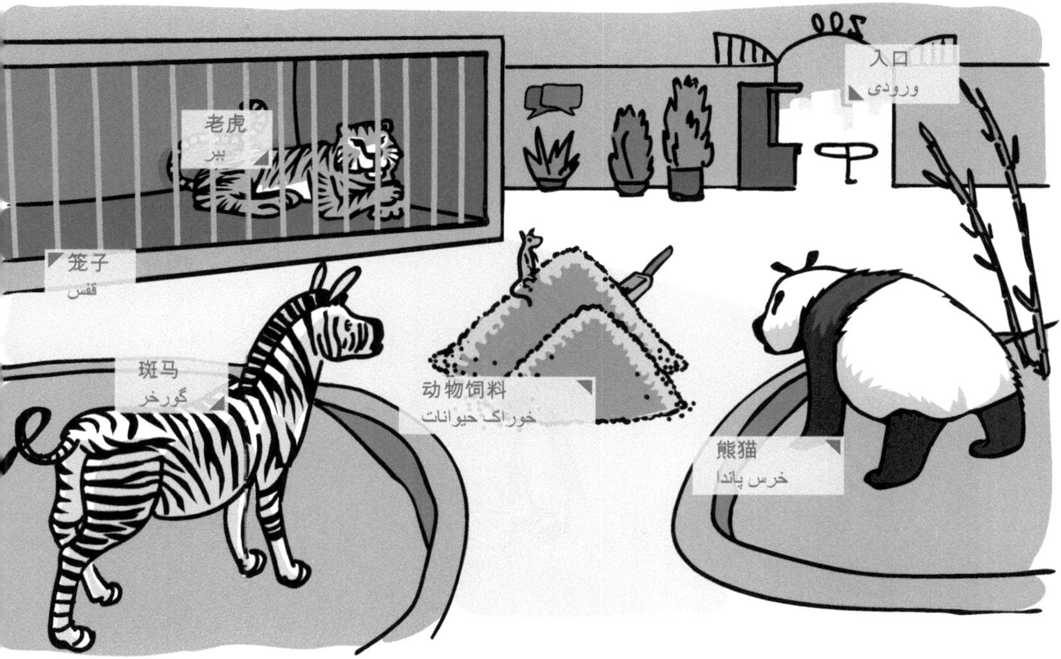

动物

حیوانات

大象

فیل

袋鼠

کانگورو

犀牛

کرگدن

大猩猩

گوریل

熊

خرس

骆驼

شتر

鸵鸟

شترمرغ

狮子

شیر

猴子

میمون

火烈鸟

فلامینگو

鹦鹉

طوطی

北极熊

خرس قطبی

企鹅

پنگوئن

鲨鱼

کوسه

孔雀

طاووس

蛇

مار

鳄鱼

تمساح

动物园管理员

نگهبان باغ وحش

海豹

خوک آبی

美洲豹

پلنگ امریکایی

60 动物园 - باغ وحش

矮种马

اسب کوچک

豹

پلنگ

河马

اسب آبی

长颈鹿

زرافه

老鹰

عقاب

野猪

گراز

鱼

ماهی

龟

لاک پشت

海象

شیرماهی

狐狸

روباه

羚羊

غزال

体育
ورزش ها

橄榄球
فوتبال آمریکایی
骑自行车
دوچرخه سواری
网球
تنیس
篮球
بسکتبال
游泳
شنا
拳击
بوکس
冰球
هاکی روی یخ

英式足球

فوتبال

羽毛球

بدمینتون

田径

دوومیدانی

手球

هندبال

滑雪

اسکی

马球

پولو

跳
پریدن

笑
خندیدن

拥抱
بغل کردن

走路
راه رفتن

唱
آواز خواندن

做梦
رؤیا دیدن

祈祷
دعا کردن

亲吻
بوسیدن

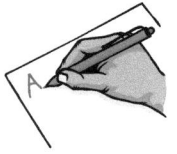

书写
نوشتن

画
رسم کردن

展示
نشان دادن

推
هل دادن

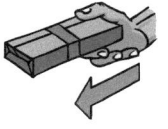

给
دادن

拿
برداشتن

有

داشتن

做

انجام دادن

当

بودن

站

ایستادن

跑

دویدن

拉

کشیدن

扔

پرتاب کردن

摔倒

افتادن

躺

دراز کشیدن

等待

منتظر بودن

携带

حمل کردن

坐

نشستن

穿衣

لباس پوشیدن

睡觉

خوابیدن

醒来

بیدار شدن

看

تماشا كردن

哭

گريه كردن

抚摸

نوازش كردن

梳头

شانه كردن

交谈

حرف زدن

明白

فهميدن

问

پرسيدن

听

شنيدن

喝

آشاميدن

吃

خوردن

清理

مرتب كردن

爱

عاشق بودن

做饭

پختن

开车

رانندگی كردن

飞

پرواز كردن

航行

قایقرانی کردن

计算

محاسبه کردن

读

خواندن

学习

یاد گرفتن

工作

کار کردن

结婚

ازدواج کردن

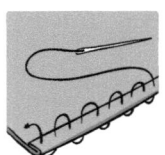

缝

دوختن

刷牙

مسواک زدن

杀

کشتن

抽烟

سیگار کشیدن

寄

فرستادن

祖母
مادربزرگ

婴童
کودک

母亲
مادر

祖父
پدربزرگ

父亲
پدر

女儿
فرزند دختر

儿子
فرزند پسر

客人

مهمان

阿姨

خاله، عمه

叔叔

دایی، عمو

兄弟

برادر

姐妹

خواهر

身体

بدن

پیشانی
眼睛
چشم
肩膀
شانه
手指
انگشت دست
脸
صورت
下巴
چانه
手
دست
腿
ساق پا
乳房
سینه
手臂
بازو

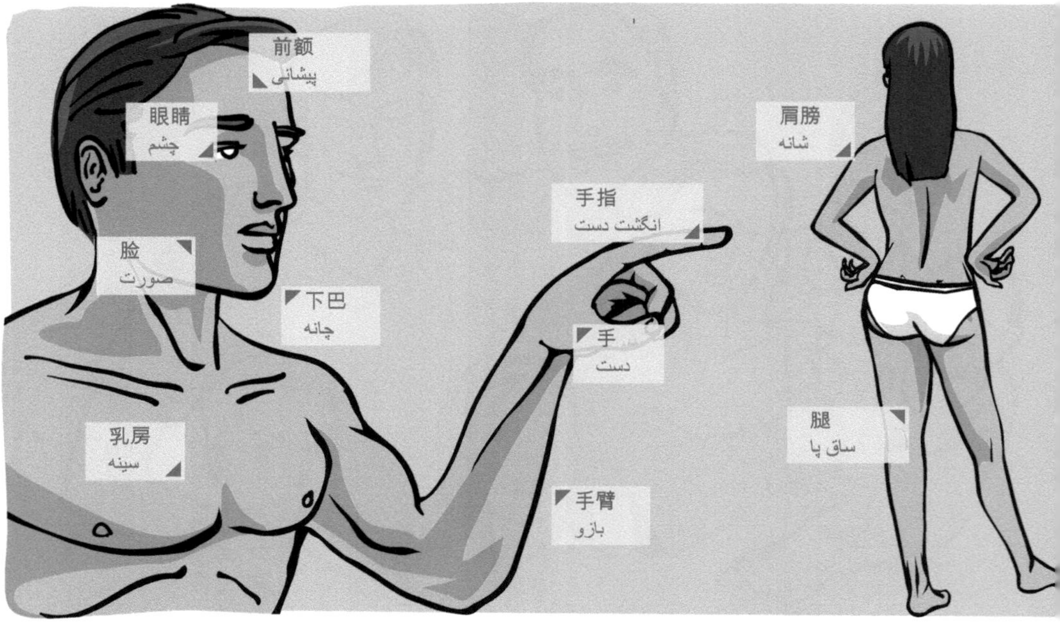

婴童

کودک

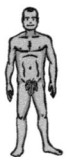

男人

مرد

女人

زن

女孩

دختربچه

男孩

پسربچه

头

کله

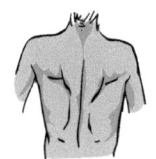

背部

كمر

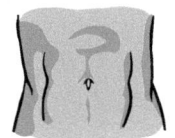

肚子

شكم

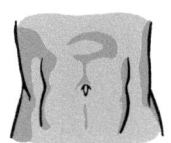

肚脐

ناف

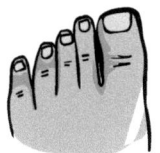

脚趾

انگشت پا

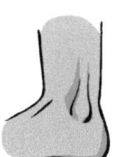

脚后跟

پاشنه

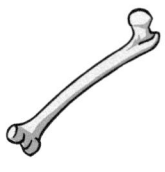

骨头

استخوان

臀部

لگن

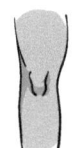

膝盖

زانو

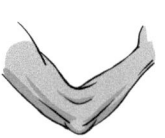

手肘

آرنج

鼻子

بینی

屁股

نشیمنگاه

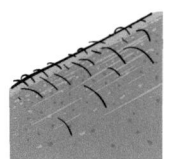

皮肤

پوست

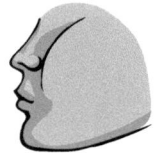

脸颊

گونه

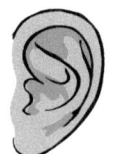

耳朵

گوش

嘴唇

لب

嘴

دهان

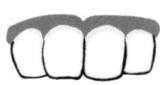

牙齿

دندان

舌头

زبان

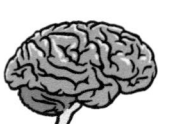

脑

مغز

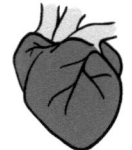

心脏

قلب

肌肉

عضله

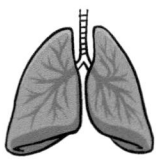

肺

ریه

肝脏

کبد

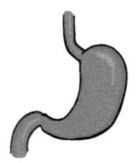

胃

معده

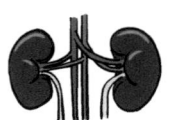

肾脏

کلیه

性交

آمیزش جنسی

避孕套

کاندوم

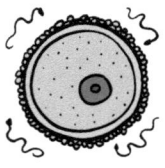

卵子

تخمک

精子

اسپرم

怀孕

حاملگی

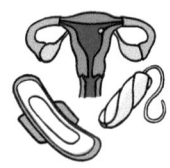

月经

پریود

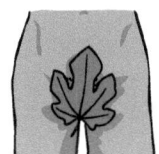

阴道

واژن

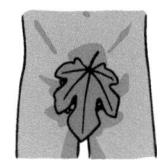

阴茎

آلت تناسلی مرد

眉毛

ابرو

头发

مو

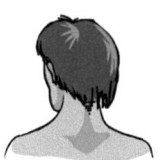

脖子

گردن

医院

بیمارستان

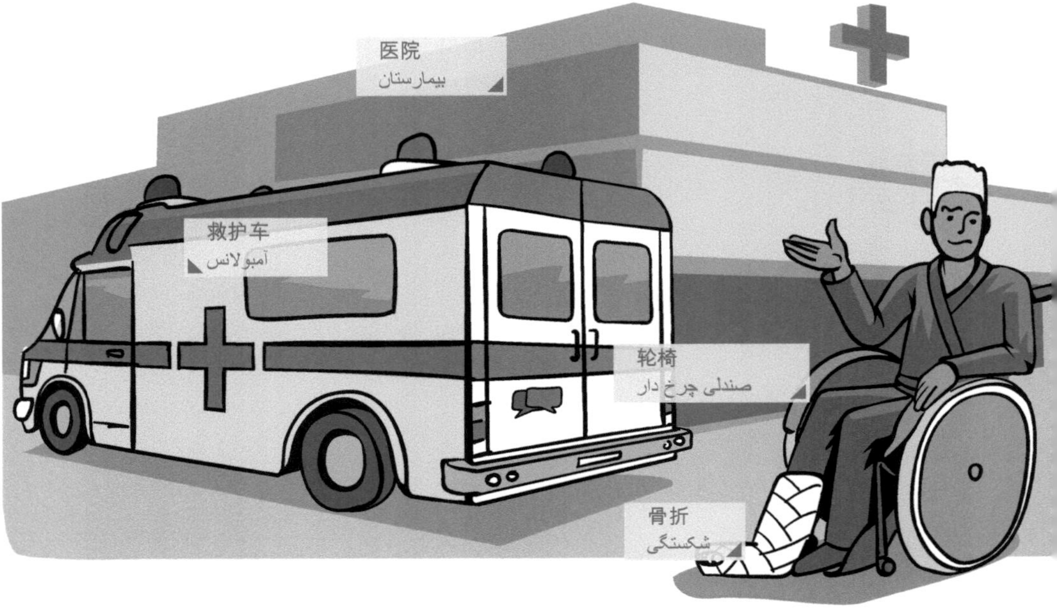

医院
بیمارستان
救护车
آمبولانس
轮椅
صندلی چرخ دار
骨折
شکستگی

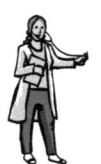

医生

دکتر

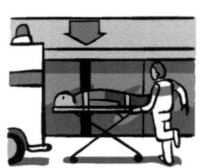

急诊室

بخش اورژانس

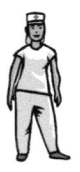

护士

پرستار

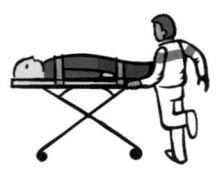

紧急情况

موقعیت اضطراری

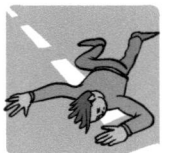

昏迷

بی هوش

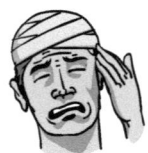

痛

درد

受伤

مصدومیت

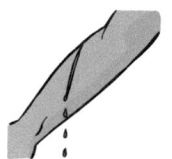

出血

خونریزی

心脏病发作

سکته قلبی

中风

سکته مغزی

过敏

ألرژی

咳嗽

سرفه

发烧

تب

流感

أنفولانزا

腹泻

اسهال

头痛

سردرد

癌症

سرطان

糖尿病

دیابت

外科医生

جراح

手术刀

چاقوی جراحی

手术

عمل جراحی

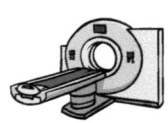

CT

سی تی اسکن

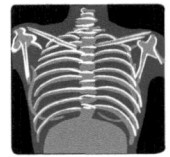

X光

پرتونگاری

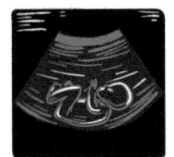

超声波

سونوگرافی

口罩

ماسک صورت

疾病

بیماری

候诊室

اتاق انتظار

拐杖

چوب زیر بغل

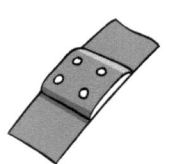

石膏

چسب زخم

绷带

پانسمان

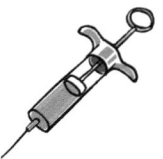

注射

تزریق

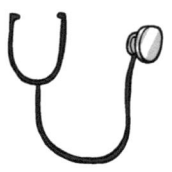

听诊器

گوشی طبی

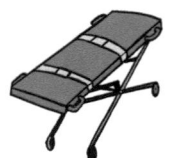

担架

برانکار

体温计

دماسنج

出生

زایش

超重

اضافه وزن

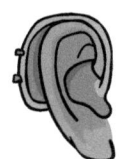

助听器

سمعک

消毒液

ماده ضد غفونی کننده

感染

عفونت

病毒

ویروس

艾滋病

اچ آی وی / ایدز

药物

دارو

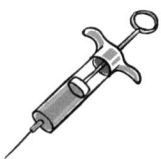

接种疫苗

واکسیناسیون

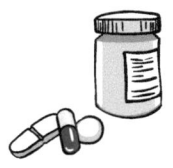

药片

قرص

药丸

قرص ضد حاملگی

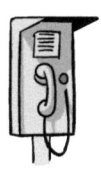

急救电话

تماس اظطراری

血压计

دستگاه اندازه گیری فشارخون

生病/健康

مریض / سالم

医院 - بیمارستان

75

紧急情况
موقعیت اضطراری

救命！

کمک!

警报

آژیر خطر

突击

حمله

攻击

حمله ی فیزیکی

危险

خطر

紧急出口

خروج اظطراری

着火啦！

آتش

灭火器

کپسول آتش‌نشانی

意外

تصادف

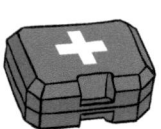

急救箱

جعبه کمک های اولیه

呼救信号

درخواست کمک

警察

پلیس

欧洲

اروپا

北美洲

آمریکای شمالی

南美洲

آمریکای جنوبی

非洲

آفریقا

亚洲

آسیا

澳洲

استرالیا

大西洋

اقیا نوس اطلس

太平洋

اقیانوس آرام

印度洋

اقیانوس هند

南冰洋

اقیا نوس اطلس جنوبی

北冰洋

اقیانوس منجمد شمالی

北极

قطب شمال

南极

قطب جنوب

南极洲

قاره قطب جنوب

地球

کره زمین

陆地

سرزمین

海

دریا

岛

جزیره

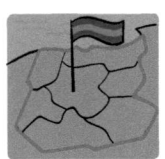

国家

ملت

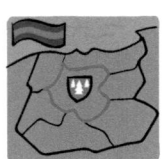

国家

کشور

钟表
ساعت

钟面

صفحه ی ساعت

时针

ساعت شمار

分针

دقیقه شمار

秒针

ثانیه شمار

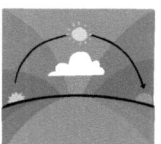

现在几点？

ساعت چند است؟

天

روز

时间

زمان

现在

اکنون

电子表

ساعت دیجیتال

分

دقیقه

时

ساعت

周一 دوشنبه
周三 چهارشنبه
周五 جمعه
周二 سه شنبه
周六 شنبه
周四 پنج شنبه
周日 یک شنبه

昨天

دیروز

今天

امروز

明天

فردا

早晨

صبح

中午

ظهر

晚上

غروب

MO	TU	WE	TH	FR	SA	SU
1	2	3	4	5	6	7
8	9	10	11	12	13	14
15	16	17	18	19	20	21
22	23	24	25	26	27	28
29	30	31	1	2	3	4

工作日

روزهای کاری

MO	TU	WE	TH	FR	SA	SU
1	2	3	4	5	6	7
8	9	10	11	12	13	14
15	16	17	18	19	20	21
22	23	24	25	26	27	28
29	30	31	1	2	3	4

周末

آخر هفته

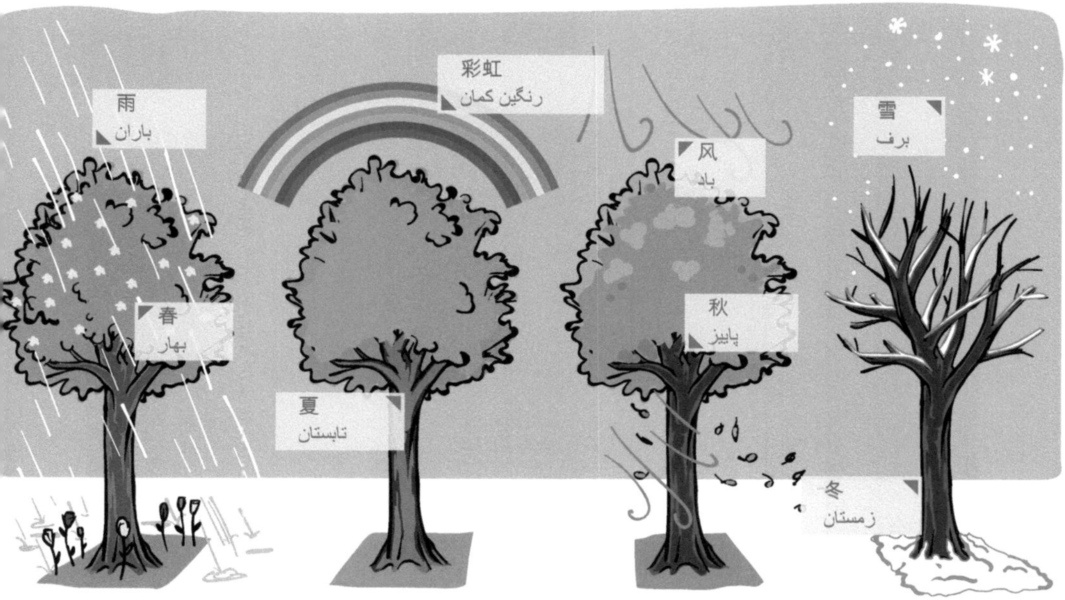
雨
باران
彩虹
رنگین کمان
雪
برف
风
باد
春
بهار
秋
پاییز
夏
تابستان
冬
زمستان

4.APRIL 11°
5.APRIL 4°
6.APRIL 13°
7.APRIL 8°
8.APRIL 10°

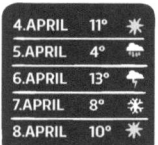

天气预报

پیش‌بینی اوضاع جوی

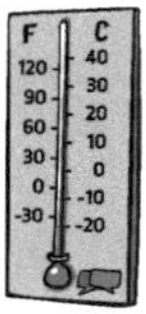
F
C
120
90
60
30
0
-30
40
30
20
10
0
-10
-20

温度计

دماسنج

阳光

تابش آفتاب

云

ابر

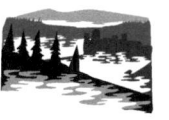

雾

مِه

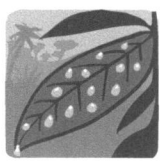

潮湿

رطوبت هوا

闪电

صاعقه

打雷

آسمان غره

风暴

طوفان

冰雹

تگرگ

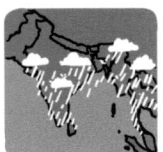

季风

باد موسمی

洪水

سیل

冰

یخ

一月

ژانویه

二月

فوریه

三月

مارس

四月

آوریل

五月

مه

六月

ژوئن

七月

ژوئیه

八月

آگوست

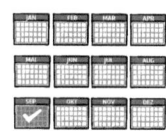

九月

سپتامبر

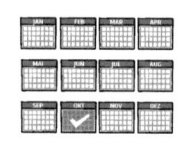

十月

اکتبر

十一月

نوامبر

十二月

دسامبر

形状

أشكال

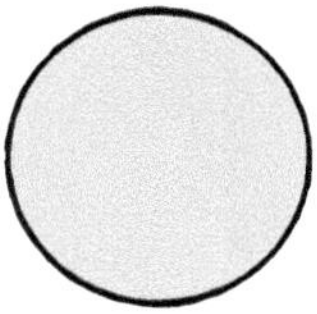

圆形

دايره

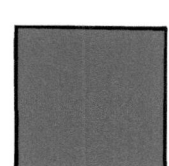

正方形

مربع

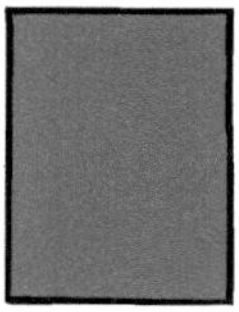

长方形

مستطيل

三角形

سه گوش

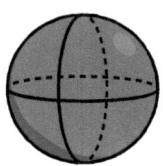

球体

گره

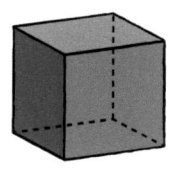

立方体

مکعب مربع

形状 - أشكال

颜色
رنگ ها

白

سفید

黄

زرد

橙

نارنجی

粉

صورتی

红

قرمز

紫

بنفش

蓝

آبی

绿

سبز

棕

قهوه ای

灰

خاکستری

黑

سیاه

反义词
متضاد ها

很多/少许

خیلی / کم

生气/平静

خشمگین/ آرام

美/丑

زیبا / زشت

首/尾

شروع / پایان

大/小

بزرگ / کوچک

明/暗

روشن / تیره

兄弟/姐妹

برادر / خواهر

干净/肮脏

تمیز / آلوده

完整/缺失

کامل / ناقص

白天/晚上

روز / شب

死/生

مرده / زنده

宽/窄

پهن / باریک

可食用/非食用

قابل خوردن / غیر قابل خوردن

邪恶/善良

غضبناک / مهربان

兴奋/无聊

هیجان زده / بی حوصله

胖/瘦

چاق / لاغر

第一/最后

اولین / آخرین

朋友/敌人

دوست / دشمن

满/空

پر / خالی

硬/软

سفت / نرم

重/轻

سنگین / سبک

饿/渴

گرسنگی / تشنگی

生病/健康

مریض / سالم

非法/合法

غیرقانونی / قانونی

聪明/愚笨

باهوش / خنگ

左/右

چپ / راست

近/远

نزدیک / دور

新/旧

نو / استفاده شده

没有/有些

هیچ چیز / چیزی

老/幼

پیر / جوان

开/关

روشن / خاموش

打开/合上

باز / بسته

安静/吵闹

آهسته / بلند

富/穷

ثروتمند / فقیر

对/错

درست / غلط

粗糙/光滑

زبر / صاف

伤心/高兴

غمگین / خوشحال

短/长

کوتاه / بلند

慢/快

کند / تند

湿/干

تر / خشک

温暖/凉爽

گرم / خنک

战争/和平

جنگ / صلح

数字

اعداد

0	1	2
零	一	二
صفر	یک	دو
3	4	5
三	四	五
سه	چهار	پنج
6	7	8
六	七	八
شش	هفت	هشت
9	10	11
九	十	十一
نه	دَه	یازده

12

十二
دوازده

13

十三
سیزده

14

十四
چهارده

15

十五
پانزده

16

十六
شانزده

17

十七
هفده

18

十八
هجده

19

十九
نوزده

20

二十
بیست

100

百
صد

1.000

千
هزار

1.000.000

百万
میلیون

语言
زبان ها

英语

انگلیسی

美式英语

انگلیسی آمریکایی

普通话

چینی ماندارین

印地语

هندی

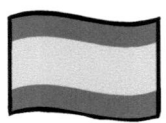

西班牙语

اسپانیایی

法语

فرانسوی

阿拉伯语

عربی

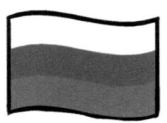

俄语

روسی

葡萄牙语

پرتغالی

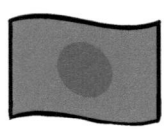

孟加拉语

بنگالی

德语

آلمانی

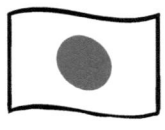

日语

ژاپنی

谁/什么/怎样

چه کسی / چه چیزی / چگونه

我

من

你

تو

他/她/它

او

我们

ما

你们

شما

他们

آنها

谁？

چه کسی؟ کی؟

什么？

چی؟

怎样？

چگونه؟

哪里？

کجا؟

什么时候？

کِی؟

名字

نام

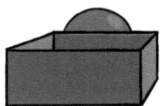

方位
کجا

后面

پشت

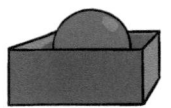

里面

توی

前面

جلو

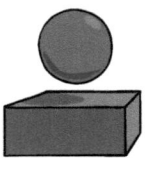

上方

بالای

上面

روی

下面

زیر

旁边

مجاور

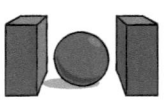

中间

بین

地点

مکان